Karl Rahner

Ostern:

Es hat alles

schon begonnen,

gut zu werden

Karl Rahner

Ostern:
Es hat alles
schon begonnen,
gut zu werden

Herausgegeben von
Andreas R. Batlogg
und Peter Suchla

Matthias Grünewald Verlag

VERLAGSGRUPPE PATMOS

PATMOS
ESCHBACH
GRÜNEWALD
THORBECKE
SCHWABEN
VER SACRUM

Die Verlagsgruppe
mit Sinn für das Leben

Die Verlagsgruppe Patmos ist sich ihrer Verantwortung gegenüber unserer Umwelt bewusst. Wir folgen dem Prinzip der Nachhaltigkeit und streben den Einklang von wirtschaftlicher Entwicklung, sozialer Sicherheit und Erhaltung unserer natürlichen Lebensgrundlagen an. Näheres zur Nachhaltigkeitsstrategie der Verlagsgruppe Patmos auf unserer Website www.verlagsgruppe-patmos.de/nachhaltig-gut-leben

Alle Rechte vorbehalten
© 2023 Matthias Grünewald Verlag
Verlagsgruppe Patmos in der Schwabenverlag AG, Ostfildern
www.gruenewaldverlag.de

Umschlaggestaltung: Finken & Bumiller, Stuttgart
Umschlagmotiv: © Deutsche Region der Jesuiten
Alle Texte Karl Rahners: © Deutsche Region der Jesuiten
Satz: Schwabenverlag, Ostfildern
Druck: GGP Media GmbH, Pößneck
Hergestellt in Deutschland
ISBN 978-3-7867-3327-0

Inhalt

»Und die Erde bewegt sich doch!«
Einführung der Herausgeber   7

1. Warum mit dem Tod
   nicht alles aus ist   31

2. Was heißt »ewiges Leben«?   47

3. Auferstanden inmitten all
   des Elends dieser Erde   51

4. Wenn ich nur
   den Osterglauben hätte!   59

5. Die Emmaus-Geschichte
   unseres eigenen Lebens   69

Zu den Textquellen   81

Anmerkungen   89

»Und die Erde bewegt sich doch!«

Einführung der Herausgeber

I. Allzu romantisch?

Es war alles, alles gut!« Mit diesen Worten endet die Novelle »Aus dem Leben eines Taugenichts«, die wohl bekannteste Erzählung des Dichters Joseph von Eichendorff (1788–1856)[1], die das Lebensgefühl der Spätromantik wiedergibt. Romantisch, ja auf einen ersten flüchtigen Blick geradezu naiv kann auch der Titel unseres zwölften Bändchens in dieser Reihe wirken: »Ostern: Es hat alles schon begonnen, gut zu werden«.

Aber dieser Titel ist eine Ansage: Wann, wenn nicht am Ostermorgen mit der selbst von seinen Jüngern völlig unerwarteten Auferstehung des gekreuzigten Jesus von Nazareth, hätte nicht alles begonnen, gut zu werden – als der Verbrechertod am Kreuz sich gerade nicht als das grausame Ende aller Hoffnungen herausstellte! Dieses seit über 2000 Jahren bezeugte Oster-Geschehen brachte für diejenigen, die sich nach Jesus dem Christus Christen nennen, eine Wende in der Menschheitsgeschichte und in der

Geschichte dieser Erde. Eine Wende mit einer Perspektive, mit einer Verheißung, an die zu glauben das Christentum einlädt. Ohne sie, so schrieb es der Apostel Paulus der Gemeinde in Korinth unverblümt ins Stammbuch, »ist unsere Verkündigung leer und euer Glaube sinnlos« (1. Kor 15,14).

Christlicher Glaube steht und fällt mit dem Glauben an die Auferstehung Jesu. Er wäre sonst eine fromme Vertröstung, wie es prominente Religionskritiker in der Tradition Ludwig Feuerbachs allzu gern behaupten. Jesu Auferstehung: Ostern ist daher nicht irgendeine Glaubenswahrheit unter anderen – und ist auch viel mehr und etwas ganz anderes als einfach nur die Hoffnung auf ein ewiges Leben, wie viele Nichtchristen meinen.

Der Jesuitentheologe Karl Rahner (1904–1984) hat sich zeit seines Lebens in wissenschaftlichen Abhandlungen, in Meditationen, Betrachtungen und Predigten sowie in leicht verständlichen, populären Artikeln, die nicht in erster Linie an Fachkollegen gerichtet waren, mit der Auferstehung Jesu und dem, was sie bedeutet, beschäftigt. Seine hier abgedruckten Gedanken können unseren Blick weiten, und zwar weit über den Tellerrand unseres eigenen Lebens hinaus auf das Geschehen dieser Erde. Denn Auferstehung, so Rahner, hat auch mit dem zu tun, was auf der Erde und mit der Erde geschieht – mehr, als sogar vielen Christen bewusst ist.

Allzu leicht sind wir Christen ja verführt, bei dem Wort »Ostern« bzw. bei dem Wort

»Auferstehung« nur an das zu denken, was mit unserem eigenen Leben zu tun hat. Es hat in der Tat mit unserem eigenen Leben zu tun – aber beileibe nicht nur. Und um diesen über unser eigenes Leben hinaus reichenden Aspekt von Ostern soll es in den hier ausgewählten Texten im besonderen gehen.

Ein zeitgenössischer Denker, der tschechische Soziologe Tomáš Halík, in jungen Jahren ein enger Mitarbeiter von Kardinal František Tomášek († 1992) und Václav Havel († 2011), im Jahr 1978 heimlich zum Priester geweiht, nachdem er sich von der vom kommunistischen Regime aufgezwungenen Ideologie befreit und »zum Glauben durchgezweifelt« hatte, beschreibt in einem seiner letzten Bücher seine Erfahrungen am Beginn der weltweiten Covid-Pandemie so: »Erneut habe ich für mich das *Geheimnis von Ostern* entdeckt«: Jesu Auferstehung, sein »Sieg über den Tod, über die Angst und die Schuld« ist wie »*ein Leben spendender Fluss, der in bestimmten Augenblicken in den persönlichen Lebensgeschichten der Gläubigen sowie in der Geschichte der Kirche aus der Tiefe an die Oberfläche tritt*«[2]. Daher bedeute Auferstehung, so betont er, »kein Happy End, sondern eine Einladung und Aufforderung: Wir dürfen nicht vor dem Feuer des Leids kapitulieren, auch wenn wir es jetzt nicht löschen können.«[3]

Karl Rahner zeigt, warum es so ist, warum »Ostern« geradezu identisch ist mit der Aussage: Es gibt keinerlei Grund zur Kapitulation, weder für unsere persönliche Situation noch für die der gesamten Erde. Denn an Ostern hat alles schon begonnen, gut zu werden: für uns selbst und für diese Erde, ob wir es merken oder nicht, ob wir es wahrhaben wollen oder nicht. Genau das ist das Wesen von Ostern, wie Rahner es in den unten stehenden Texten 3 und 4 eindrücklich beschreibt.

Zwar wird der Osterglaube heute durch die in einer massiven Krise befindliche Amtskirche verdunkelt. Aber das macht ihn nicht falsch. In einer Fastenpredigt unter dem Generalthema »Umkehr der Kirche« meinte der prominente Publizist Heribert Prantl im März 2022: »Es gibt den Glauben, es gibt den Glauben an den Ostersonntag. Und ich lasse mir den Glauben daran nicht nehmen«[4] – schon gar nicht durch manche kirchlichen Amtsinhaber, die einen allzu laschen Umgang mit sexuellem Missbrauch an den Tag legen.

Der Mathematiker und Astronom Galileo Galilei (1564–1642) setzte sich entschieden für das damals unerhört neue Weltbild des Kopernikus ein, wonach die Erde nicht unbewegt im Mittelpunkt des Kosmos stehe, sondern um die Sonne kreise. Er wurde dafür von seinen Kirchenoberen verurteilt, weil sie in dieser Ansicht eine Verunglimpfung des Schöpfergottes sahen, der ihrer Auffassung nach bei der Erschaffung der Welt selbstverständlich die Erde in den Mittelpunkt gesetzt hätte. Den berühmt gewordenen Ausspruch

Galileis »und sie bewegt sich doch« kann man nach der Lektüre der hier ausgewählten Rahner-Texte aufgreifen und zur Osterbotschaft machen: *Und die Erde bewegt sich doch – unaufhaltsam auf das Gute zu!* Allem zum Trotz, was wir Menschen gerade erleben: Krankheiten, Krieg und Zerstörung, das Zerbrechen von Hoffnungen auf eine friedliche, lebenswerte Welt, plötzliche Einbußen an Lebensqualität, Klimawandel und sonstige Horrornachrichten in sämtlichen Medien. Ringsum scheint alles nur noch schlimmer zu werden. Doch Rahner ruft uns ins Bewusstsein, dass mit Jesu Auferstehung die Welt begonnen hat, gut zu werden, und dass nichts und niemand diese Entwicklung aufhalten kann.

II. Zum Verständnis der Texte

1. Warum mit dem Tod nicht alles aus ist

Bevor Rahner zu seiner Hauptaussage (in den Texten 3 und 4) kommt, geht er erst einmal ein auf das, was beim Thema Ostern und Auferstehung so alles an Vorstellungen, an Argumenten und Gegenargumenten im Umlauf ist:

- »Für mich, den Hinterbliebenen, ist der Tote nicht mehr da.« – Ja, sagt Rahner, »aber ist er darum für sich selbst nicht mehr da? Muss er für mich da sein, um zu sein?«
- Wenn der Leib verwest, wie kann man dann von »leiblicher« Auferstehung spre-

chen? – Warum, antwortet Rahner, soll nicht, wenn der Sterbende geht, das Eigentliche bleiben, verwandelt bleiben, über die physikalische Raumzeit enthoben, »weil es schon immer mehr war als das bloße Spiel der ›Elementarteilchen‹ der Physik und der Biochemie«? Allerdings, sagt er weiter, können wir »ruhig gestehen, dass wir uns eine ›leibhaftige‹ Auferstehung nicht ›vorstellen‹ können, weil sie (anders etwa als bei einer Totenerweckung) gar nicht die Wiederherstellung eines früheren Zustandes ist und sein will«. Wer »leibliche« Auferstehung sagt, bringt zum Ausdruck, dass er nicht nur die Seele eines Menschen, sondern den *ganzen* Menschen vollendet denkt.

- Wir können uns nur auf die Aussagen der Begleiter und Freunde Jesu verlassen, die von seiner Auferstehung berichten, nachprüfen lässt sich Jesu Auferstehung leider nicht. – Ja, aber gilt das nicht für viele lebenswichtige Dinge? Niemand kann hieb und stichfest nachprüfen, ob die Liebe eines Menschen echt ist oder auf Berechnung beruht. Es führt kein Weg am Vertrauen vorbei, und Vertrauen ist immer ein Wagnis. Das Gleiche gilt für unser Vertrauen auf die Menschen, die Jesus während seines Lebens begleitet haben und von seiner Auferstehung berichten, es gilt für unser Vertrauen auf diesen Jesus selbst und auf all jene, die dieses Vertrauen seit über 2000 Jahren mit uns teilen. Es ist ferner auffällig, schreibt Rahner, »dass niemand in der Menschheit bei einem anderen, unabhängig von Jesus, den Mut gehabt hat zu sagen: Er ist auferstanden. Man hat nicht nur mythische Gestalten, sondern auch geschichtlich eindeutige Menschen als Weise und Gütige, als Lebensmeister über ihr Grab hinaus verehrt, aber bei keinem von diesen eigentlich über sein Grab hinaus zu blicken gewagt, um zu sagen: Er ist, er lebt ... Schon dass die Menschheit nur bei Jesus diesen absoluten Mut gefunden hat, gibt zu denken.«[5]

2. Was heißt »ewiges Leben«?

Diese Frage darf einen nicht verwundern, die Neugier ist nur allzu verständlich: Wie sieht denn eine »verwandelnde Vollendung meines Daseins« (so steht es am Schluss des ersten Textes) konkret aus? Rahner weist im ausgewählten kurzen Text darauf hin, dass diese Frage nicht mit irgendwelchen klugen Beschreibungen beantwortet werden kann. Wir können nur sagen, was ewiges Leben *nicht* ist: eine Fortsetzung unseres bisherigen Lebens. Was es aber stattdessen *ist*, bleibt unbeantwortbar, selbst wenn man wie Rahner lebenslang um passende Worte für Glaubensinhalte ringt. Im Gegenteil, je mehr man anfängt, sich das ewige Leben in bunten Farben auszumalen, umso unglaubwürdiger wird es. Das ist hier nicht anders als bei dem Wort »Gott«: Je mehr man anfängt, sich auszumalen, wer und wie Gott ist, umso weniger überzeugend klingt das für Nichtglaubende. Alle Wörter, die wir für eine Erklärung verwenden, sind ja aus unserer menschlichen Erfahrung abgeleitete Wörter, und Gott ist kein Teil unserer menschlichen Erfahrungswelt. Nein, beschreiben können wir dieses Geheimnis mit dem Namen »Gott« nicht – aber, wie wir Christen es von Jesus gelernt haben, wir können ihm einen Namen geben, es anreden und uns ihm voller Vertrauen überlassen, auch und gerade im Sterben (siehe dazu in dieser Reihe: Karl Rahner, Würde mir Gott fehlen?, Ostfildern 2022).

3. *Auferstanden inmitten all des Elends dieser Erde*

Es sieht so aus, als hätte die Natur Mitleid mit unserem Verstehenwollen, Mitleid mit genau dieser Frage, wie denn eine »verwandelnde Vollendung meines Daseins« konkret aussieht. Denn sie bietet uns für unser Fragen einen Vergleich aus der Tierwelt an: Kann die Raupe sich vorstellen, wie es ist, verwandelt als Schmetterling über eine Blumenwiese zu fliegen?

Rahner erwähnt im dritten Text diesen Vergleich. Aber dieser Text ist für Rahners Sicht von Ostern und Auferstehung vor allem deswegen zentral, weil er eine im Glaubensbekenntnis gemachte Aussage über Jesus aufgreift und einen Teil dieser Aussage (im Folgenden kursiv gesetzt) verdeutlicht: »gekreuzigt, gestorben und begraben, *hinabgestiegen in das Reich des Todes*, am dritten Tag auferstanden von den Toten«. Warum erwähnt das Glaubensbekenntnis eigens dieses merkwürdige »hinabgestiegen in das Reich des Todes«? Ist das nur eine poetische, schmückende Formulierung? Nein, es hat eine ganz besondere Bedeutung, die Rahner hier und im folgenden Text heraushebt und ins Bild setzt: Indem Jesus starb und begraben wurde, hat er das Reich des Todes zu dem seinen gemacht, wurde er das geheimnisvolle Herz dieses Reiches, das Herz der irdischen Welt, das von nun an diese Welt stetig und unaufhaltsam zum Guten verwandelt.

Genau das steht Rahner vor Augen, wenn er sagt: »Christus ist schon inmitten all der armen Dinge dieser Erde ... in der Geschichte der Erde, deren blinder Gang in allen Siegen und allen Abstürzen mit unheimlicher Präzision auf seinen Tag zusteuert, auf den Tag, an dem seine Herrlichkeit, alles verwandelnd, aus ihren eigenen Tiefen brechen wird ... Er ist da als die innerste Essenz aller Dinge und das geheimste Gesetz, das noch triumphiert und sich durchsetzt, wenn alle Ordnungen sich aufzulösen scheinen.«

4. Wenn ich nur den Osterglauben hätte!

Der vierte Text vertieft Rahners globale Sicht von Ostern, nämlich dass der Auferstandene die Welt unaufhaltsam zum Guten verändert, indem er ihre letzte »Entelechie« wurde, das heißt übersetzt: »ihre geheimste und innerste Kraft«. Rahner schreibt: »*Er ist auferstanden. Und die Welt mit Ihm … Uns* nur dauert der Augenblick zwischen ihrer Wandlung und dem Offenkundigwerden dieser Wandlung lange und bitter. Wir nennen diesen Augenblick ›die Weltgeschichte seit Christus‹ oder ›unser Leben‹«, und wir hoffen immer noch, »wo doch schon geschah, was wir erhoffen. Wir warten noch zitternd den Ausgang des Kampfes ab, wo doch in Wirklichkeit – wenn wir die Augen des Glaubens hätten – schon diesen Augen sichtbar der Triumphzug sich formiert«.

Ach, wenn wir nur die Augen des Glaubens hätten! Doch in Wirklichkeit haben wir sie schon – sie sind nur manchmal wie blind, so, wie bei den beiden Emmaus-Jüngern des abschließenden fünften Textes.

*5. Die Emmaus-Geschichte
unseres eigenen Lebens*

Ja, die Augen der beiden Jünger auf dem Weg nach Emmaus – manche Bibelwissenschaftler vermuten, es handle sich dabei um eine Frau und einen Mann – sind blind für den Dritten, der sich dazugesellt, sie sind »gehalten«, wie die Bibel das formuliert (vgl. Lk 24,16). Die beiden Jünger wollen nur weg vom Ort des Geschehens, weg vom Ort der Kreuzigung Jesu, an dem alle ihre Hoffnungen zerstört wurden. Für Rahner ist dieser Weg nach Emmaus ein Bild für unser aller Lebensweg: Das, was hier beschrieben wird, die übergroße Enttäuschung, trifft Menschen auch in unseren Tagen, in denen die Schreckensnachrichten kein Ende nehmen wollen. Deswegen, so Rahner, »brauchen wir uns nicht zu wundern, dass unser Herz immer wieder müde oder zornig über seine enttäuschten Hoffnungen weint und klagt, dass wir immer wieder den Eindruck haben, auf der Flucht aus der gestorbenen Hoffnung in eine tote Leere zu sein.« Die Emmaus-Geschichte zeigt aber: »Auch auf solchen Wegen kann verborgen der Herr als das Erbarmen Gottes mit uns gehen«, und oftmals redet Gott schon mit, wenn wir denken, dass wir bloß über ihn reden, und öffnet uns die Augen ...

Wir wünschen unseren Leserinnen und Lesern, dass sie mit diesen Rahner-Texten ein Gespür bekommen für die große Perspektive von Auferstehung, die nicht nur unser persönliches Leben, sondern auch das Schicksal dieser Erde umfasst. Ostern heißt: Wir werden verwandelt – und auch die Erde wird verwandelt und bewegt sich unaufhaltsam auf das Gute zu! Wann immer das Wort »Ostern« fällt, dürfen wir sofort daran denken: Es hat alles schon begonnen, gut zu werden! An dieser Osterbotschaft unbeirrt festzuhalten, auch und gerade in unseren unruhigen Zeiten, wünschen Ihnen von Herzen die beiden Herausgeber

Andreas R. Batlogg SJ
Peter Suchla

1. Warum mit dem Tod nicht alles aus ist

Den Kreuzweg, *unseren* Kreuzweg, kennen wir. Er heißt heute meist anders. Man hat die Straßenbezeichnung geändert. Das kommt ja heute oft vor in diesen wechselnden Zeiten der Politik. Heute heißt der Kreuzweg: Tragik, Krebs, Ehescheidung, Atomkrieg, Zum-alten-Eisen-Geworfen-werden und sehr viel Ähnliches mehr. Die Straße ist länger geworden, und ihre Abschnitte haben alte und neue Straßenschilder.

Aber es ist der alte Weg geblieben, der an viel Elend und Schmerz vorbei zum Tod führt. Und dieser stirbt sich im heutigen Krankenhaus auch nicht anders als früher: die Augen wandern suchend umher und finden keinen festen Punkt mehr; die Sprüche der Ärzte und – eventuell – gute Worte wirken merkwürdig leer und fern und so weiter. Schließlich legt man einen in ein Grab. Aber das geht einen »nichts mehr an«.

Die Frage ist also nur die, ob da der eine noch ist, den sein Leben und sein Sterben etwas angeht. Die Hinterbliebenen geht es nichts mehr an, soweit »empirisch« etwas festzustellen ist, das ist sicher. Der Tote ist ausgeschert aus dem Betrieb, den wir machen. Und hat jenes Lächerliche und Seltsame zugleich hinterlassen, das man dann schnell – Begräbnis genannt – verschwinden lässt, weil man damit wirklich nichts anfangen kann (solange Nazis und ihre späteren Nachfolger nicht Seife daraus machen). Was ist aber mit diesem, der so verschwunden ist? »Ich« mag mir erlauben, mir diese Frage für die anderen zu ersparen. Aber ich kann sie für mich selbst nicht auf sich beruhen lassen. Denn ich weiß, dass *ich* sterben muss. Und wenn ich das, was so wahrhaftig *mich* angeht, auf sich beruhen lasse, habe ich mich eben auch schon entschieden. »Nicht einmal ignorieren«, das geht hier beim besten Willen nicht.

So ganz klar, dass da »alles aus« ist, dürfte es wohl doch nicht sein. Denn […] es war doch vorher auch noch einiges andere da: eben ein Mensch mit Liebe, Treue, Schmerz, Verantwortung, Freiheit und vielem mehr. Mit welchem Recht behauptet man eigentlich, das alles sei einfach aus der Wirklichkeit ins reine Nichts abgewandert? […] Warum soll es eigentlich »aus sein«? Weil wir davon nichts mehr merken? Das Argument scheint ein wenig schwach. Eigentlich folgt daraus nur: Für mich, den Hinterbliebenen, ist der Tote nicht mehr da. Aber ist er darum für sich selbst nicht mehr da? Muss er für mich da sein, um zu sein? Wäre es denkbar, dass er seine »Gründe« gehabt hat (er braucht sie so wenig in seinem »Bewusstsein« gehabt zu haben, wie »er« die Chemie seines Stoffwechsels innehatte, den er doch betrieben hat), sich so zu verwandeln, dass das neu Gewordene nicht mehr bei uns weiter mitspielt?

Wenn wir dieses unser Leben anschauen: Es ist von sich aus nicht so, dass man *da* immer mitmachen möchte, es strebt von sich aus auf einen Abschluss seines jetzigen Daseinsstils hin. […] Ein ewiges Weitermachen-Können wäre die Hölle der leeren Sinnlosigkeit. Kein Augenblick hätte ein Gewicht, weil man alles ins leere Später, das nie fehlt, vertagen und abschieben könnte. Es könnte einem nichts entgehen (es ist ja immer genug Zeit), und alles ginge damit in die Leere der absoluten Gewichtslosigkeit. Wenn also einer geht – nichts könnte selbstverständlicher sein. […]

Aber kann, wenn der Sterbende geht, nicht das Eigentliche verwandelt, über die physikalische Raumzeit enthoben, bleiben, weil es schon immer mehr war als das bloße Spiel der »Elementarteilchen« der Physik und der Biochemie, weil es Liebe, Treue, vielleicht auch nackte Gemeinheit und Ähnliches war, das in dieser Raumzeit *wird*, aber vollendet nicht *in* ihr *ist* (also nicht mehr da, wo die Hinterbliebenen bleiben, hinten dran bleiben)?

Wir dürfen die Existenz, die aus dem Tod ersteht, nicht als »Weiterdauern« verstehen. [...] Wer aber meint, »mit dem Tod sei alles aus«, weil die Zeit des Menschen wirklich nicht weitergehe, weil sie, die einmal begann, auch einmal enden müsse, weil schließlich eine sich ins Unendliche fortspinnende Zeit in ihrem leeren Gang ins immer andere, das das Alte dauernd annulliert, eigentlich unvollziehbar und schrecklicher als eine Hölle sei: der unterliegt ebenso dem Vorstellungsschema unserer empirischen Zeitlichkeit wie der, der die Seele »fortdauern« lässt. [...]

Man kann die Wirklichkeit wahrhaftig nicht auf das beschränken, dessen Existenz auch der Dümmste und Oberflächlichste zu bestreiten keine Lust und Möglichkeit hat. Es gibt ganz gewiss *mehr*. So wie es wissenschaftliche Apparaturen gibt, um ein Mehr an Wirklichkeit im Bereich der materiellen Welt festzustellen, so gibt es – ohne Apparaturen, aber nicht ohne eine höher entwickelte

Geistigkeit – Erfahrungen, die jene Ewigkeit ergreifen, die nicht als ein zeitliches Weiterdauern »hinter« unserem Leben sich hinzieht, sondern in die Zeit der freien Verantwortung als den Raum ihres Werdens eingesenkt ist [...].

Wer einmal eine sittlich gute Entscheidung auf Leben und Tod gefällt hat (in Liebe, Treue, Opfer usw.), radikal und unversüßt, so dass daraus absolut nichts für ihn herausspringt als die angenommene Güte dieser Entscheidung selbst, der hat darin jene Ewigkeit schon erfahren, die wir hier meinen. Wenn er dann hinterdrein wieder darauf reflektiert und diese Erfahrung in Theorie umzusetzen versucht, mag er zu falschen Interpretationen kommen, bis zum Zweifel oder

der Leugnung des »ewigen Lebens«. Das ist dann bedauerlich, weil es falsch ist und vor allem die Gefahr mit sich bringt, solchen totalen sittlichen Entscheidungen auszuweichen oder zu verzweifeln. Aber es ändert an der Erfahrung selbst nichts. […]

Wer aber als Einzelner seiner eigenen Erfahrung misstraut, weil sie ihm, dem Schäbigen und Kümmerlichen, nicht deutlich genug ist oder weil sie ihm in dem tiefen Misstrauen gegen den Sinn des Daseins, an dem wir feigen Sünder alle qualvoll leiden, »zu schön vorkommt, um wahr zu sein«, der halte sich an die Erfahrung der Menschheit, wie sie in der Erfahrung *des* Auferstandenen gegeben ist. Es gibt den Osterglauben. In Unzähligen. Und zuerst in den Jüngern Jesu, die von ihrer

Ostererfahrung und ihrem Osterglauben Zeugnis ablegen, die den Gekreuzigt-Gescheiterten als den in der Totalität seiner Wirklichkeit Siegreichen und endgültig von Gott Angenommenen bekennen.

Man darf diese erste Ostererfahrung nicht in ihre Elemente auflösen wollen, um sie dann nachträglich wieder zusammenzusetzen. Das Ganze ist auch hier mehr als die Summe seiner Teile. In diese eine Erfahrung gehört hinein die Begegnung mit Jesus, der sich als der Sohn des unbegreiflichen Geheimnisses wusste, das er seinen Vater zu nennen wagte in unbegreiflicher Selbstverständlichkeit und noch in der Gottverlassenheit des Todes; die Begegnung mit seiner Liebe und Treue, mit seinem Gehorsam ohne

Schuld, mit seiner Todesfinsternis, mit seiner bedingungslosen Annahme des Todes und mit dem Osterereignis selbst.

Es mag sein, dass wir heute in *diesem* Osterereignis nicht rein scheiden können zwischen Ostern (eben dem Auferstandenen) und der Ostererfahrung der Jünger, das heißt, dass für uns die Ostererfahrung der Jünger nie nur die bloß äußere Vermittlung (wie ein Telefondraht oder ein Fernrohr) ist, die gleichsam wegfällt, wenn wir das Ereignis selbst in den Griff bekommen haben. […] Es ist hier ja zweifellos anders, als wenn uns ein zuverlässiger und ehrlicher Zeuge berichtet, er habe zum Beispiel jemanden ins Wasser springen sehen. In einem solchen Fall ist uns die *Möglichkeit* einer solchen Erfahrung unabhängig von dem Bericht schon aus der eigenen Erfahrung bekannt und verständlich. [...]

Im Fall von Ostern ist es anders. Diese Erfahrung ist aus der Natur der Sache heraus *sui generis* [völlig eigener Art]. Denn die Erfahrung eines Jenseitigen, der sich »zeigen« muss, unserer Raumzeitlichkeit nicht mehr angehört, einem Zugriff von unserer Seite nicht von vornherein schutzlos offen steht, ist gewiss keine Erfahrung, die wir aus unserer Erfahrung her »verstehen«, in ihren Möglichkeiten und Voraussetzungen von uns her schon übersehen, so dass wir von uns aus die alltäglichen Kriterien verwenden könnten zur Beurteilung der Frage, ob wir, als hier und jetzt geschehen und erlebt, ein solches

Ereignis akzeptieren können. Die Berufung auf das leere Grab als ein Vorkommnis unserer normalen Erfahrungswelt, das jedermann zugänglich ist, hilft nicht wesentlich weiter: ein leeres Grab kann nicht die Auferstehung zur Vollendung bezeugen, weil seine Ursache vielfältig gedacht werden kann [...], wir sind daher auf das Zeugnis der Jünger in einem wesentlich radikaleren Sinn verwiesen als bei der Annahme sonstiger Augenzeugenschaften. [...]

Wir können uns ruhig gestehen, dass wir uns eine »leibhaftige« Auferstehung nicht »vorstellen« können, weil sie (anders etwa als bei einer Totenerweckung) gar nicht die Wiederherstellung eines früheren Zustandes ist und sein will [...]. Wenn wir »leibliche«

Auferstehung sagen, so sagen wir nur, dass wir den ganzen Menschen vollendet denken und ihn nach unserer eigenen Erfahrung der menschlichen Wirklichkeit nicht in einen immer schon gültigen »Geist« und eine bloß vorläufige »Leiblichkeit« spalten können.

Wird dies bedacht, welchen Grund sollten wir haben, der uns vor unserem sittlichen Wahrheitsgewissen *verbietet*, uns auf die Ostererfahrung der ersten Jünger zu verlassen? Nichts *zwingt* uns, ihnen zu glauben, wenn wir nicht wollen und skeptisch bleiben. Aber vieles ermächtigt uns, ihnen zu glauben. Es wird von uns das Kühnste und doch wieder Selbstverständlichste gefordert: unser Dasein daran zu wagen, dass es als ganzes auf Gott hin angelegt ist, einen endgültigen Sinn hat, heilbar und rettbar ist, dass eben dieses in Jesus exemplarisch und produktiv sich ereignet hat, und dass im Blick auf ihn es möglich ist, das von uns selbst zu glauben, wie es die ersten Jünger getan haben […].

Und dann können wir auch *ausdrücklich* sagen: Ich glaube die Auferstehung des Fleisches, das heißt: die verwandelnde Vollendung meines Daseins. Der Kreuzweg hat eine 15. Station, an der uns der Weg der Zeit entlässt in die Unbegreiflichkeit der Liebe Gottes.

2. Was heißt »ewiges Leben«?

Gewöhnlich spricht man ja mit einem gewissen salbungsvollen Pathos über die *Hoffnung des Ewigen Lebens,* und fern sei mir, so etwas zu tadeln, wenn es ehrlich gemeint ist. Aber mich selber überkommt es seltsam, wenn ich so reden höre. Mir will scheinen, dass die Vorstellungsschemen, mit denen man sich das Ewige Leben zu verdeutlichen sucht, meist wenig zur radikalen Zäsur passen, die doch mit dem Tod gegeben ist.

Man denkt sich das Ewige Leben, das man schon seltsam als »jenseitig« und »nach« dem Tod weitergehend bezeichnet, zu sehr ausstaffiert mit Wirklichkeiten, die uns hier vertraut sind als Weiterleben, als Begegnung mit denen, die uns hier nahe waren, als Freude und Friede, als Gastmahl und Jubel und all das und ähnliches als nie aufhörend und weitergehend.

Ich fürchte, die radikale Unbegreiflichkeit dessen, was mit Ewigem Leben wirklich gemeint ist, wird verharmlost, und was wir »unmittelbare Gottesschau« in diesem Ewigen Leben nennen, wird herabgestuft zu einer erfreulichen Beschäftigung neben anderen, die dieses Leben erfüllen; die unsagbare Ungeheuerlichkeit, dass die absolute Gottheit selber nackt und bloß in unsere enge Kreatürlichkeit hineinstürzt, wird nicht echt wahrgenommen.

Ich gestehe, dass es mir eine quälende, nicht bewältigte Aufgabe des Theologen von heute zu sein scheint, ein besseres Vorstellungsmodell für dieses Ewige Leben zu entdecken, das diese genannten Verharmlosungen von vornherein ausschließt. Aber wie? Aber wie?

3. Auferstanden inmitten all des Elends dieser Erde

Ostern verführt leicht dazu, mit jubelnd schmetternden Posaunen in Wort und Musik die Auferstehung zu preisen. Wenn die Freude des ewigen Sieges des Lebens plötzlich mit heiliger Macht aus dem Herzen des Glaubenden hervorbricht, ist gewiss gegen solchen Osterjubel kein Tadel oder Misstrauen angebracht. Aber denen, die noch pilgern – und das auch auf den Wegen des Glaubens –, denen, die den Tod und die Vergeblichkeit im Dasein deutlicher schmecken als die Herrlichkeit unzerstörbar ewigen Lebens, ist auch leisere, bescheidenere Osterfreude erlaubt. Sie ist in eigener Art auch denen möglich, die der Alltag müde und die Enttäuschung schwermütig gemacht hat.

Wenn wir Ostern verstehen wollen, müssen wir uns selbst zuerst verstehen, d. h. uns annehmen so, wie wir sind. Wir sind aber die Kinder der Erde, die sterben. Das sind wir gewiss. Und wir haben nach dem Zeugnis unserer Erfahrung und auch nach der Schrift keinen Grund, im letzten Sinn bei der Frage, was mit uns Todgeweihten endgültig sein wird, uns zu spalten und einer Seele ein anderes Geschick zuzudenken als einem Leib […].

Wenn so das unzerstörbare Verlangen nach der befreiten und heilen Endgültigkeit des ewigen Lebens für uns, die Einen und Ungeteilten, in uns lebt, dann wissen wir gleichzeitig und brauchen es uns nicht zu verhehlen, dass wir uns diese Endgültigkeit nicht »vorstellen« können, noch weniger, als die Raupe das Leben eines Schmetterlings sich vorstellen kann; dann ist klar, dass die »Verwandlung«, die unser ganzes irdisches Leben auch nach der Schrift treffen muss und die bis auf seinen Grund geht, eine Daseinsweise zeitenthobener Endgültigkeit bedeutet, die ausmalen zu wollen, sie von vornherein verfehlen hieße.

Wir wissen von ihr nichts, als dass wir sein werden als die Vollendeten und

Eingegangenen in den Abgrund des Geheimnisses der Liebe, das wir Gott nennen. Das genügt. [...]

An Jesus wird die unbegreifliche, für sich selbst unbegreifliche Hoffnung unserer Vollendung Glaube. Wir wissen ja, dass er durch das, was wir seine Auferstehung nennen, nicht in unser irdisches Dasein zurückgekehrt ist, sondern in die Vollendung bei Gott hinein sich verwandelt, entzogen hat. [...]

Wenn wir von der letzten Sehnsucht unseres innersten Menschen nach seiner Endgültigkeit her mit dem einfältigen Auge des reinen Herzens auf Jesus, sein Selbstverständnis, seinen Tod und auf die österliche Erfahrung seiner Jünger von ihm blicken, dann sind wir zwar nicht gezwungen, aber ermächtigt und ermutigt zu sagen: Er ist auferstanden. Wir können es ganz nüchtern und leise sagen, denn wir sagen nur, was wir im Grunde doch für uns selbst erwarten, wenn wir den Menschen ernst nehmen und nicht meinen, er könne sich vor der Verantwortung für den ewigen Menschen in ihm drücken, indem er ins Nichts flüchtet. Und umgekehrt: wenn wir auf Ihn blicken, lässt sich glauben, dass ein Leben beim Tod im letzten nicht in den leeren Abgrund der Absurdität fällt, sondern in den Abgrund Gottes.[...] Wenn wir Ihn bekennen als aufgefahren zu den Himmeln Gottes, so ist das nur ein anderes Wort dafür, dass Er uns die Greifbarkeit seiner verklärten Menschheit eine Weile entzieht, und vor allem dafür, dass kein Abgrund mehr ist zwischen Gott und der Welt.

Christus ist schon inmitten all der armen Dinge dieser Erde, [einer Erde,] die wir nicht lassen können, weil sie unsere Mutter ist. Er ist im namenlosen Harren aller Kreaturen, die, ohne es zu wissen, harrt auf die Teilnahme an der Verklärung seines Leibes. Er ist in der Geschichte der Erde, deren blinder Gang in allen Siegen und allen Abstürzen mit unheimlicher Präzision auf seinen Tag zusteuert, auf den Tag, an dem seine Herrlichkeit, alles verwandelnd, aus ihren eigenen Tiefen brechen wird. Er ist in allen Tränen und in allem Tod als der verborgene Jubel und das Leben, das siegt, indem es zu sterben scheint. Er ist im Bettler, dem wir schenken, als der geheime Reichtum, der dem Schenkenden zuteil wird. Er ist in den armseligen Niederlagen seiner Knechte, als der Sieg, der Gottes allein ist. Er ist in unserer Ohnmacht als die Macht, die schwach zu scheinen sich erlauben darf, weil sie unbesiegbar ist. Er ist selbst noch mitten in der Sünde als das bis zum Ende geduldig bereite Erbarmen der ewigen Liebe. Er ist da als die innerste Essenz aller Dinge und das geheimste Gesetz, das noch triumphiert und sich durchsetzt, wenn alle Ordnungen sich aufzulösen scheinen. Er ist bei uns wie das Licht des Tages und die Luft, die wir nicht beachten, wie das geheime Gesetz einer Bewegung, das wir nicht fassen, weil das Stück dieser Bewegung, das wir selbst erleben, zu kurz ist, um daraus die Bewegungsformel abzulesen. Aber Er ist da, das Herz dieser irdischen Welt und das geheime Siegel ihrer ewigen Gültigkeit. Er ist auferstanden.

4. Wenn ich nur den Osterglauben hätte!

Wir glauben an seine Auferstehung. – Ist das wahr?

Glauben wir, was darin beschlossen ist: Er ist der Lebendige. Er ist der Sieger über Sünde und Tod. Er ist nicht der, der in den Himmel aufgefahren ist, um aus der Weltgeschichte zu verschwinden, als ob Er nie darin gewesen wäre. Er ist in den Himmel aufgefahren, nachdem Er in die letzte Tiefe der Sünde, des Todes und der verlorenen

Welt hinabgestiegen war und aus diesem Schlund, der alles behält, lebendig herauskam. Mehr: dort, in der letzten Verlorenheit, aus der alle Lasterhaftigkeit quillt, alle Tränenbäche ihren Ursprung haben, wo allen Hasses und aller Selbstsucht letzte Quelle liegt, dort hat Er gesiegt. Gesiegt nicht dadurch, dass Er diese Welt von sich stieß und ihrer sich entrang, sondern dadurch, dass Er, sich selbst verlierend, in sie eindrang, in ihre innerste Mitte, aus der ihr ganzes Schicksal quillt, diese Mitte einnahm und für ewig annahm. Und so hat Er die Welt schon verwandelt. Besiegt, indem Er sie wandelte. Indem Er das *Herz der Welt* wurde, ihre letzte Entelechie, ihre geheimste und innerste Kraft.

Er ist darum in seiner Auferstehung nicht von uns gegangen. Darin ist Er erst eigentlich gekommen, um bei uns zu bleiben alle Tage. Seine Gestalt sehen wir nicht mehr. Sie blitzte gleichsam nur kurz auf, um uns zu zeigen, dass Er jetzt für immer bei uns ist. Nicht hier und jetzt, »im Fleische«, sondern im Geist, überall also und bis zum letzten der Tage. Bei uns mit seinem göttlichen Geist, der der geheime Geist der Welt geworden ist, seit dem Tod und der Auferstehung Christi untrennbar mit ihr verbunden, nie mehr von ihr weichend, weil Er untrennbar verbunden ist mit jenem Stück der Welt, das wir die verklärte Menschheit Christi nennen, die selber durch Tod und Auferstehung offen geworden ist auf das Ganze der Welt.

Christus in seinem Geist sitzt schon mitten in allen Dingen als ihr eigentliches und wahres Wesen und Herz: in dem Harren aller Kreatur auf die Teilnahme an der Verklärung des Leibes Christi, in den Tränen als der geheime Jubel, im Bettler, dem wir schenken, als der ewige Reichtum, der uns zuteil wird, in der Ohnmacht als die Kraft Gottes, in der »Torheit des Kreuzes« (1 Kor 1, 18) als die Weisheit, im Tod als das Leben, dem kein Tod mehr droht, in den armseligen Niederlagen seiner Knechte als der Sieg, der Gottes allein ist, selbst mitten in der Sünde als das bis zum Ende bereite Erbarmen der ewigen Liebe. [...]

Er steigt in alle Herzen, um sie mit dem Hunger nach Gerechtigkeit und Liebe, mit der Sehnsucht nach dem Leben und der Wahrheit immer aufs neue zu beunruhigen, mit dem Hunger und der Sehnsucht, die ihm gehören, weil Er die Liebe und Gerechtigkeit, das Leben und die Wahrheit ist. Er ist die ewige Unruhe dieser Welt geworden. Und wo diese Welt sich in ein ungeheuerliches Chaos zu verwandeln, wo alle Dämme zu brechen scheinen, da ist dieser Schein in Wahrheit doch nur ein Zeichen, dass Er mitten in diesem aufbrechenden Vulkan ist und dass sein Tag nahe ist. Er ist im Schiff der Zeit und steht zugleich am Ufer der Ewigkeit. Der Sturm, der das Schiff zu verschlingen droht, ist nur das Zeichen, dass Er sich jetzt erheben will – und es entstand eine große Stille – oder dass das Schiff vom Sturm der

Zeit sanft auf das Ufer der Ewigkeit gehoben wird. [...]

Er ist auferstanden. Und die *Welt* mit Ihm. Schon ist sie mit Ihm verwandelt und bald rasch und immer rascher – wird auch das blöde Fleisch merken, was schon geschehen ist. *Uns* nur dauert der Augenblick zwischen ihrer Wandlung und dem Offenkundigwerden dieser Wandlung lange und bitter. Wir nennen diesen Augenblick »die Weltgeschichte seit Christus« oder unser Leben. Wir führen uns auf wie die Jünger zwischen Karfreitag und Ostern: » ... wir aber hatten gehofft ...« (Lk 24, 21). Ach, wir hoffen noch, wo doch schon geschah, was wir erhoffen. Wir warten noch zitternd den Ausgang des Kampfes ab, wo doch in Wirklichkeit – wenn wir die Augen des Glaubens hätten – schon diesen Augen sichtbar der Triumphzug sich formiert, in dem Natur und Geschichte als Sieg Christi in das ewige Reich des Vaters einziehen sollen. Wir jammern, wenn sein harter Griff uns packt und auch uns durch das dunkle und enge Tor seines Leidens hineinreißt in das Land des Lichtes und der unendlichen Weite seines Vaters. Wir jammern und unser Jammer überführt uns, dass wir in die trübe Dämmerung unserer Erde mehr Vertrauen haben als in das Licht des Auferstandenen. […]

Ist der Auferstandene auch in die harrende Vorhölle *meines Herzens* hinabgestiegen, um auch da die Erlösung zu verkünden, auch da alles zu verwandeln? Wenn ich den ganzen, den alles andere bezwingenden Osterglauben hätte! Dann würde ich spüren, dass ich gar nicht falle, wenn ich die krampfhaft gewaltsame innere Angst um mich und den Erfolg meiner Sendung aufgäbe, gar nicht verzweifelt bin, wenn ich endlich verzweifelt wäre an mir und meiner Kraft. Dann würde ich plötzlich wie durch ein Wunder, das täglich neu geschehen muss, merken, dass Er bei mir ist. Er, der Auferstandene. Dann würde ich innewerden, dass ich Ihn gar nicht erst im Himmel suchen muss, weil Er in mir lebt und Er in mir seinen Heimgang zum Vater lebt. Dann würde ich erfahren, dass ich nicht genug lebe (obwohl ich es könnte) aus der schon gewandelten Mitte meines Herzens, dass ich – nicht Er –

mir ferne bin. *Wenn ich den ganzen Osterglauben hätte!*

Warum sollte ich ihn nicht haben? Ich habe ihn, denn Seine Gnade ist in mir […]. Ich will mich darum aufmachen, diesen Glauben zu leben.

5. Die Emmaus-Geschichte unseres eigenen Lebens

Zu den echt menschlichen und dennoch ganz göttlichen und darum so tröstlichen Geheimnissen des Evangeliums gehört der Bericht von den zwei Jüngern, die nach Emmaus pilgerten. Wenn wir ihn recht lesen, vernehmen wir verwundert unsere eigene Geschichte. Man braucht sie nur zu erzählen und man berichtet ein Stück und das Ganze des eigenen Lebens zumal; ein Stück, weil dasselbe auch in unserem Leben sich immer wieder zuträgt, das Ganze, weil unser ganzes Leben die eine Geschichte der Emmaus-Jünger ist. Man liest und merkt, dass wir mit unserer eigenen Emmaus-Geschichte noch unterwegs sind; man liest und hofft und betet, dass auch sie so ende, wie die im 24. Kapitel des Lukas-Evangeliums.

Sie hatten gehofft. Und sie meinten, nicht mehr hoffen zu können. Denn es ist anders gekommen, als sie hofften […] – wo das Urteil auf Tod lautete und der ans Kreuz genagelt war und verscharrt ist, auf den man hoffte –, da, so meinten sie, ist es eben aus. Man kann nur noch aufgeben und fliehen. Es gibt Situationen, in denen wirklich nichts mehr zu wollen ist, wo nichts mehr zu sagen ist als: Wir hatten gehofft. So fühlen sie sich als zur

Einsicht gekommene Realisten und lassen sich auf ihrer Flucht nicht aufhalten durch fromme Einbildungen guter Frauen. Nein, ein zweites Mal, so sagen sie, fallen wir nicht herein. Es ist nicht Anständigkeit, sondern feige Dummheit, so denken sie, Tatsachen nicht sehen zu wollen. Und es ist nun einmal eine schlichte Tatsache, die durch keine Theorie aus der Welt hinaus interpretiert werden kann, dass ihre Hoffnung am Galgen aufgehängt und dann in einer Grube verscharrt worden ist. Sie gehen weg, heim oder anderswohin, aber jedenfalls weg.

Seltsam: Jeder von ihnen ist ganz allein, hineingestürzt in die Grube seiner hoffnungslosen Einsamkeit. Warum gehen sie zu zweit? Warum reden sie, diese zwei modernen Existentialisten, eigentlich noch miteinander [Existentialist hier im Sinne von einem, für den es keine andere Wirklichkeit gibt als die des Menschen]? Warum suchen sie Trost beieinander, wenn es doch im Ernst keine Hoffnung gibt, über die zu reden es sich lohnen könnte? Sie fliehen und – reden. So wie wir. Sie reden, obwohl es eigentlich sinnlos ist, und bezeugen unwissend gegen ihre eigene Überzeugung von sich selbst, dass sie – Anfang der Gnade – doch noch mit sich reden lassen. Sie wollen die Trostlosigkeit ihrer Einsamkeit durch Gerede betäuben, die Leere des Herzens mit Geschwätz, und geben so Gott die Gelegenheit, sich ins Gespräch zu mischen. Es ist oft noch und schon wieder Gnade selbst in unserer Flucht vor ihr. Und Gott redet manchmal schon mit, wo wir wähnen, sehr einsam nur über ihn, den toten Gott zu verhandeln.

Es kommt ein Fremder des Weges. Es ist der Herr. Die trübe blickenden Augen sind gehalten. Sie erkennen ihn nicht. Wer mit sich selbst beschäftigt ist und ein hoffnungsleeres Herz hat, hat seltsam wenig Platz in Geist und Herz für andere. Aber wenn es auch Heil ist, ihn zu erkennen, so bleibt das Erste und Letzte, das auch ein klares Auge keinem geben kann, dass er, der Herr, da ist und mitgeht, dass er selbst noch die Flucht von ihm weg mitmacht. Das gibt er und nur er allein. Freilich läuft er vielen über den Weg, die es nicht merken.

Er ist da auf dem Weg nach Emmaus wie einer, der weniger weiß als wir, wie ein Fremdling, wie im Vorübergehen. Man weiß nicht, wann er kommt und wann er gehen würde, wenn wir nicht sagen: Herr bleibe bei uns, denn es will Abend werden. Der Jünger hoffnungslose Trauer hat sich noch nicht so tödlich in die Mitte ihres Herzens gebohrt, dass dieses Herz dem fragenden Wanderer die Antwort verweigerte, dass es in tödlicher Bitterkeit sich zynisch weigerte, das Wort des Lichtes und des Trostes anzuhören. Ihr Herz ist noch nicht so stolz, dass es in einem Narzissmus des Schmerzes und des Todes seine bekümmerte Verzweiflung schändlich lieben würde. Sie lassen den Fremden, der weniger weiß, reden. Sie hören wirklich zu.

Er sagt ihnen das Unbegreifliche, das das allein sich selbst Erklärende ist. Er sagt ihnen das tötende Schicksal, das erlöst und befreit, er sagt ihnen leise, dass alles in der Welt und in der Schrift dies eine sagt, dass nämlich der eine dort die erfüllte Hoffnung ist, wo sie meinten, die Betrogenen zu sein und die Verzweifelten sein zu müssen. An sogenannten Tatsachen sagt er ihnen genau nur das, was sie, die enttäuschten Realisten schon wussten, nur zu gut wussten: dass Jesus der Gekreuzigte ist. Aber er sagt ihnen diese Tatsache nicht als gemiedene und verleugnete, sondern als angenommene, als gültige und in sich ständige, als selbstverständliche. Und darin, im Blick, der nicht mehr vorbeiblinzelt, in der Annahme, die gelassen annimmt, wird diese Tatsache von innen her leuchtend, entbirgt sich ihre eigentliche Wahrheit: dass eben dieser Untergang die Weise des Eingangs in die eigene selige Bestimmung, der Aufgang der eigenen Herrlichkeit ist. [...]

Die Schrift berichtet nicht, dass die Jünger auf die Rede des unbekannten Wanderers geantwortet hätten. Sie schweigen. Weil es sich ja nicht um eine theoretische Frage, um eine bessere wissenschaftliche Theorie handelt, sondern um das letzte Wagnis des Geistes und des Herzens, die im Abgrund des hoffnungsleeren Todes das Leben selber entdecken und das Licht aus dem Rachen der Schlange rauben; darum ist Schweigen geziemend, da darin die Wiedergeburt des Herzens geschieht.

Aber bevor das geschieht im Raum der schweigenden Erwartung, können die Jünger schon eines sagen, das Wort höflicher Besorgtheit, das dem schlichten Herzen voll Güte geziemt: »Bleibe bei uns; denn es wird Abend, der Tag hat sich schon geneigt« [Lk 24, 29]. Sie sorgen sich um die Nacht des Fremdlings, der die Nacht ihrer eigenen Herzen hell macht. Während sie den pilgernden Bruder suchen, laden sie den Herrn und das Ziel ihrer eigenen Wege zu Gast; sie bieten dem Pilger ein Dach und kommen so selber heim. Sie brechen mit ihm das Brot. Und da – nicht bei der Theologie des menschlichen Daseins auf dem Weg, sondern in der Feier der Gemeinschaft – erkennen sie den Herrn. Er ist es. Was der

Fremdling gesagt hatte, sind die Worte des Herrn. Indem er das Brot bricht, senkt er sich ihren Herzen ein. Und sie erkennen: Er ist wahrhaft auferstanden. Aus dem Grab der Welt und aus der Grube des eigenen Herzens.

Ach, wir haben das selber schon oft erlebt, wenn vielleicht auch still und klein und immer nur vorhaltend für ein Stück des Lebens. Vielleicht würde der, der unser ganzes Leben auch mit seiner Zukunft überblicken könnte, sehen, dass wir noch auf dem Weg nach Emmaus sind, dass für das entscheidendste Gesicht unsere Augen noch gehalten sind, und der Herr, soviel wir über ihn auch schon geredet haben mögen, so sehr unser Herz bei seinem Wort schon sanft erglüht sein mag, im Grunde immer noch unerkannt mit uns zieht.

Ja wirklich, vielleicht ist das Große des Lebens noch ausständig. Wir sind sogar gehalten, weiterzupilgern und zu laufen und nie zu meinen, wir hätten es erreicht. Denn wir sind noch unterwegs zum Abendmahl des ewigen Lebens, wo der Herr aufstehen und sich gürten wird, um uns den Wein der unsagbaren Freude zu reichen. Weil wir noch unterwegs sind, brauchen wir uns nicht zu wundern, dass unser Herz immer wieder müde oder zornig über seine enttäuschten Hoffnungen weint und klagt, dass wir immer wieder den Eindruck haben, auf der Flucht aus der gestorbenen Hoffnung in eine tote Leere zu sein. Auch auf solchen Wegen kann verborgen der Herr als das Erbarmen Gottes mit uns gehen, dem willigen Herzen den Sinn der Schrift und des Lebens erschließen. Auch solche Wege können nach dem Emmaus unseres Lebens führen, wo wir beim Brotbrechen den Herrn erkennen.

Zu den Textquellen

Der Buchtitel sowie die Titel der einzelnen Texte stammen von den beiden Herausgebern, nicht von Karl Rahner selbst.

Wo aus Gründen der Übersichtlichkeit Stellen gekürzt wurden, ist dies durch [...] markiert. In eckigen Klammern stehende Wörter innerhalb der Rahner-Texte sind erklärende Einfügungen der Herausgeber.

Zur besseren Lesbarkeit wurden zuweilen längere Textpassagen Rahners in Absätze unterteilt.

Drei der fünf Texte erschienen in Band 7 von Karl Rahners »Schriften zur Theologie«, der (wie schon Band 3 von 1956) den Untertitel »Zur Theologie des geistlichen Lebens« (1966) trägt: Sie enthalten, im Unterschied zu mehr »erbaulichen«, mehr der Einübung in das geistliche Leben dienenden Texten hauptsächlich theologische Meditationen, wie Rahner im Vorwort des Bandes, der mehrere Auflagen erlebte, festhielt. Zwar sei eine »vollständige Unterscheidung« nicht möglich, aber seine Auswahl dort sei »mit Bedacht« erfolgt: »eine Meditation kann nicht immer lang sein und dennoch wirklich ernsthafte Theologie bleiben (wenigstens der guten Absicht nach).« Zum *Genus litterarium* solcher Texte, also zu ihrer Eigenart, schreibt er weiter: »Vielleicht lässt sich sogar in dieser Denkweise Wesentliches andeuten, was in der theologischen Schul- und Fachsprache kaum gesagt wird, vergessen wurde oder noch nicht deutlich und klar genug formuliert werden kann.«

1. Warum mit dem Tod nicht alles aus ist
Der Text, »als 15. Kreuzwegstation geschrieben«, erschien erstmals unter dem Titel »Ostern« in: Anita Röper, Die vierzehn Stationen im Leben des N. N., Kevelaer 1965, S. 119–134; danach wurde er, »stilistisch verbessert«, unter dem Titel »Ostererfahrung« abgedruckt in Rahners »Schriften zur Theologie«, Band 7 (1966), S. 157–166. – Unser Abdruck aus: Karl Rahner, Sämtliche Werke, Bd. 14: Christliches Leben. Aufsätze – Betrachtungen – Predigten. Bearbeitet von Herbert Vorgrimler. Freiburg i. Br. 2006, S. 140–146.

2. Was heißt »ewiges Leben«?

Aus einer Rede, die zuerst veröffentlicht wurde in: Vor dem Geheimnis Gottes den Menschen verstehen. Karl Rahner zum 80. Geburtstag. Hrsg. von Karl Lehmann. München 1984, S. 105–119 (unser Abschnitt: S. 118 f.) und verschiedentlich ganz oder auszugsweise nachgedruckt, zuletzt in: Karl Rahner in Erinnerung. Hrsg. von Albert Raffelt. Düsseldorf 1994, S. 134–148. – Unser Abdruck erfolgt aus: Karl Rahner, Sämtliche Werke, Bd. 25: Erneuerung des Ordenslebens. Zeugnis für Kirche und Welt. Bearbeitet von Andreas R. Batlogg. Freiburg i. Br. 2008, S. 47–57, hier 56.

3. Auferstanden inmitten all des Elends
 dieser Erde

Der Text, der sich aus drei aufeinanderfolgenden Kurzansprachen im Bayerischen Rundfunk bei einer Karsamstagsfeier am 9. April 1966 zusammensetzte und auch als Schallplatte greifbar war, erschien erstmals (und ausschließlich) in Band 7 von Rahners »Schriften zur Theologie, S. 150–156, dort unter dem Titel »Verborgener Sieg«. – Unser Abdruck aus: Karl Rahner, Sämtliche Werke, Bd. 23: Glaube im Alltag. Schriften zur Spiritualität und zum christlichen Lebensvollzug. Bearbeitet von Albert Raffelt. Freiburg i. Br. 2006, S. 388–393, hier 391–393.

4. Wenn ich nur den Osterglauben hätte!

Dieser Text wurde erstmals unter dem Titel »Unser Osterglaube« im Organ der Diözesan-Priestervereine Bayerns, dem Klerusblatt 27 (1947), S. 52, veröffentlicht. – Wiederabdruck in: Karl Rahner, Was heißt Auferstehung? Meditationen zu Karfreitag und Ostern. Hrsg. von Albert Raffelt. Freiburg i. Br. 1985, S.42–48. Im Jahr darauf wurde er aufgenommen in: Karl Rahner, Das große Kirchenjahr. Geistliche Texte. Hrsg. v. Albert Raffelt. Freiburg i. Br. 1986, S. 262–266. – Unser Abdruck aus: Karl Rahner, Sämtliche Werke, Bd. 7: Der betende Christ. Geistliche Schriften und Studien zur Praxis des Glaubens. Bearbeitet von Andreas R. Batlogg. Freiburg 2013, S. 365–367.

5. Die Emmaus-Geschichte

unseres eigenen Lebens

Unter dem Titel »Begegnungen mit dem Auferstandenen« erschien in der Zeitschrift »Geist und Leben« (1955) ein Text, der in zwei Abschnitte gegliedert war: »Die Hoffnung der Hoffnungslosen« (S. 81–83) und »Der gute Hirt« (S. 84–86). Unsere Auswahl ist dem ersten Teil über die Emmausjünger entnommen. Der Text wurde dann mit derselben Untergliederung aufgenommen in Bd. 7 der »Schriften zur Theologie«, S. 166–173 (unsere Auswahl: S. 166–169). – Unser Abdruck erfolgt aus: Karl Rahner, Sämtliche Werke, Bd. 14, S. 167–169.

Anmerkungen

1 Joseph von Eichendorff, Aus dem Leben eines Taugenichts, in: ders., Werke in einem Band (Hanserbibliothek). Hrsg. von Wolfdietrich Rasch. München ³1984, S. 747–832, hier 832.
2 Tomáš Halík, Die Zeit der leeren Kirchen. Von der Krise zur Vertiefung des Glaubens. Freiburg i. Br. 2021, S. 28 f.
3 Ebd., S. 148.
4 Zitiert nach: https://www.st-michael-muenchen.de/fileadmin/smb/Redaktion/Dateien/PDF/Kirche_Zentrum/Predigten/2022/PredigtUmkehr_Heribert-Prantl.pdf. Vgl. dazu auch Andreas R. Batlogg, Nichts lässt sich »wegostern«, aber … Auferstehung feiern, Auferstehung erinnern heißt gerade nicht: Schwamm drüber!, in: Christ in der Gegenwart 74 (2022/12), S. 4.
5 Karl Rahner, Sämtliche Werke, Bd. 23: Glaube im Alltag. Schriften zur Spiritualität und zum christlichen Lebensvollzug. Bearbeitet von Albert Raffelt. Freiburg i. Br. 2006, S. 403.

Karl Rahner im
Matthias Grünewald Verlag

Karl Rahner (1904–1984) war Jesuit und
Theologe von Weltrang. Sein Anliegen war
die Vermittlung von theologischer Tradition und
modernem Denken. Er hatte großen Einfluss
auf das Zweite Vatikanische Konzil und prägte
die Grundlinien der Theologie im deutschen
Sprachraum bis heute.

Die von Andreas R. Batlogg und Peter Suchla
im Matthias Grünewald Verlag herausgegebene Reihe
stellt Texte aus dem Werk Karl Rahners vor,
die zeigen, wie christlicher Glaube das Leben
auch heute bereichern kann.

Karl Rahner

Würde Gott mir fehlen
ISBN 978-3-7867-3316-4

Seit Menschen leben, gibt es eine Ahnung von Gott
– und zugleich Zweifel oder Ablehnung. Können wir
uns ein Leben ohne Gott vorstellen? Ein Leben ohne
manche religiösen Ritual vielleicht – aber ohne Gott?
Karl Rahner geht der Gottesfrage nach: warum
Zweifel nur allzu gut verstehbar sind und wie Gottes
Existenz dennoch erfahren werden kann.

Jesus nachfolgen – anders als gedacht
ISBN 978-3-7867-3303-4

Karl Rahner überrascht mit einer anderen Sicht auf
die Nachfolge Jesu. Es geht ihm nicht
um die Nachahmung eines idealen Lebens, sondern
um ein existentielles Geschehen in
der Tiefe unseres Herzens.

Karl Rahner

**Warum Beten manchmal schwerfällt –
und was daran gut ist**
ISBN 978-3-7867-3240-2

Karl Rahner kennt das Gefühl, dass betendes Rufen
ein Leben lang ohne Antwort zu bleiben scheint.
Für ihn ist gerade die im Beten gemachte Erfahrung
des Schweigens Gottes der Schlüssel
zum erwachsenen Beten.

Von der Kraft, täglich neu zu beginnen
ISBN 978-3-7867-3211-2

Woher die Kraft nehmen, sich dem zermürbenden
Alltag täglich neu zu stellen? Karl Rahners Gedanken
geben dem Tagesanfang ein zärtliches Versprechen
für einen guten Ausgang.

Karl Rahner

**Advent – Von der tiefen Sehnsucht
unseres Lebens**
ISBN 978-3-7867-3147-4

Eine tiefe Sehnsucht begleitet die Menschen
ein Leben lang. Worin diese Sehnsucht besteht
und wie sie zur Erfüllung gelangt, ist das
wahre Geheimnis des Advents.

Von der stillen Weihnacht unseres Herzens
ISBN 978-3-7867-3193-1

Für Karl Rahner führt Weihnachten ins Zentrum
christlicher Reife: Dorthin, wo Menschen
in ihrem innersten Dasein ankommen, die Angst
um sich selbst loslassen, um aus der Enge
ins Weite zu finden.

Karl Rahner

Altwerden und lebendig bleiben
ISBN 978-3-7867-3274-7

Wir werden alle alt – und meistens malen
wir uns das Alter eher in dunklen Farben aus.
Rahner zeigt auf, dass Altwerden eine
besondere Gnade ist – eng verbunden mit der
geheimsten Aufgabe des Christen, die zur
Quelle von allem Lebendig-Sein führt.

**Vom Unterwegssein, Pilgern und
Ankommen für immer**
IBSN 978-3-7867-3248-8

Karl Rahner zeigt auf, dass unser ganzes Leben
ein Unterwegssein und Pilgern ist.
Die Wege eines Menschenlebens sind ein Sich-Bewegen
mit Gott an unserer Seite – auf Gott zu.

Karl Rahner

Glaube und Kultur: Zu Literatur, Musik und Kunst
Hrsg. von Gesa E. Thießen
Paperback | 264 Seiten
ISBN 978-3-7867-3315-7

Karl Rahner reflektierte öfter über gesellschaftlich-kulturelle Themen aus theologischer Perspektive. Gerade weil die Künste an sich kein Forschungsschwerpunkt seines akademischen Wirkens waren, beeindrucken seine zentralen Einsichten und relevanten Überlegungen zu einer Theologie der Kultur. Menschlich inspirierend und vom Glauben getragen laden Rahners Beiträge zum erneuten Mitdenken und Weiterdenken ein.
Gesa E. Thießen hat Rahners Beiträge zum Thema zusammengestellt und mit einer Einleitung erschlossen und kommentiert.